はじめに

　毎日何気なく米を炊いている炊飯器。ある日、スープや煮込み料理を作るのに使ってみると、びっくりするほど手軽で美味しく出来上がることに気が付きました。炊飯器の「調理モード」も、目にするけれど使ったことがない、という方も多いのでは？　でも、使わないなんてもったいない！

　この本では、炊飯器の特徴を活かした煮込み料理から、スープ、炊き込みご飯、おやつまで、忙しい日でもすぐに作れるメニューを中心に紹介しています。

　炊飯器調理は、鍋やフライパンとは違って、加熱中に目が離せるのが一番のポイント。材料を切って調味料と一緒に入れ、スイッチを押せば、後は火加減など気にすることなく炊飯器におまかせできて安心です。

　ただし、普通の鍋とは、水分の蒸発量、加熱時間などが違います。それぞれの炊飯器によって癖や特徴もあるので、ご家庭の炊飯器の取扱説明書を必ず確認のうえ、様子を見ながら調節して使いこなしてくださいね。

　例えば、時間があるときに米を炊いて冷凍しておき、当日に炊飯器でカレーを作れば、ひと皿で肉も野菜もとれるメニューが完成！　具だくさんの炊き込みご飯を作れば、それだけでも立派な献立になります。まずは一品、ぜひ作ってみてください。

1

炊飯器調理のメリット

手軽に時短で作れる

手間と時間のかかる煮込み料理も、材料を下準備して内鍋に入れて、スイッチを押すだけ。

一品で献立がほぼ完成

主菜にも主食にもなる炊き込みご飯や麺料理は、一品で食卓の主役に。

火加減が簡単

加熱は炊飯器におまかせ。コンロ調理のように、その場で常に火元を確認していなくても大丈夫。

油を控えてヘルシーに

蒸す、煮ることで食材のうま味を逃さず、少ない油で美味しく仕上がる。

炊飯器使用上の注意

⚠️ 必ずご家庭の炊飯器の取扱説明書を確認してください

▶ 本書のレシピは、調理メニューがある、5.5合炊きのIH炊飯器を使用しています

▶ 使用前に、調理に対応している機種かどうか、取扱説明書を必ずご確認ください
- ✓ 圧力機能のついている炊飯器や、炊飯以外の調理不可の機種は、故障や不具合の原因になりますので使用しないでください。
- ✓ 「調理」または「煮込み」などのメニューがある炊飯器を使ってください。
- ✓ 蒸気口がふさがれるなどすると、吹き出し、故障、やけど、ケガの原因になります。レシピの分量は目安です。ご家庭の炊飯器の最大量を超えないよう注意してください。

▶ できるだけ料理に応じた加熱モードを使ってください
- ✓ 本書では主に、炊飯器の普通モード、早炊きモード、保温モードを使っています。
- ✓ 炊飯器の機種やメーカーによって、水分量の少ないおかずやケーキなどは、普通モードでは温度が上がりづらく、加熱できない場合があります。調理モード、炊き込みご飯モード、ケーキモードなど、料理に適した加熱モードが設定できる場合は、それぞれのモードを使っていただくことをおすすめします。

▶ 様子を見ながら加熱時間は調節してください
- ✓ 加熱モード、加熱時間は目安です。機種やメーカーによって異なりますので、様子を見ながら調節してください。

▶ 炊飯器はよくお手入れしてください
- ✓ 内鍋を傷めないよう、特に混ぜる過程などでは十分に注意してください。
- ✓ 炊飯器の機能を正しく発揮させるために、内鍋、内蓋等は、使用のたびに、取扱説明書に従ってよく洗ってください。

おかず・麺・おやつもスイッチ1つ！超時短「絶品炊飯器レシピ」72

もくじ

お肉の主菜

魚介の主菜

卵・豆類・加工品の主菜

副菜

主食　　　　　　　　　　　　　　　　　　　　　写真／作り方

炊飯器レシピの基本の作り方

❶ 下準備する

材料を準備します。

❷ 内鍋に入れる

下準備した材料を炊飯器の内鍋に入れます。

レシピに指示がある場合は、加熱前によく混ぜます。

＼ 準備完了 ／

❸ 炊く

炊飯器のスイッチを入れます。

❹ 仕上げる

レシピに指示がある場合は、加熱後に残りの材料を加えて、よく混ぜます。

＼ 完成！ ／

本書の表記について

✓ 本書のレシピは、圧力機能のついていない、5.5合炊きのIH炊飯器を使用しています。調理にあたって、必ず炊飯器の取扱説明書をよく確認してください。

✓ 分量は5.5合炊きで4人分を基本としています。容量の少ない機種を使う場合は、必ず最大量を超えないよう半量以下に減らしてください。加熱時間、水分量も機種によって異なりますので、取扱説明書を確認して調理可能か判断いただき、様子を見て調節してください。

✓ 炊飯器や電子レンジの加熱時間は機種や使用年数によって異なります。加熱時間や設定温度はあくまでも目安として、様子を見ながら調整してください。

✓ 炊き込みご飯を作るときは、あれば炊き込みご飯モードを使うと、加熱ムラができづらくなります。ない場合は普通モードを使ってください。具材をつけ汁ごと加える炊き込みご飯は、あらかじめ汁の部分を米に混ぜ、具材は上にそっとのせてください。炊く前に具と米が混じってしまうと、加熱ムラができて、ご飯が生炊きになってしまうことがあるので注意してください。

✓ ケーキ類を作るときは、あればケーキモード、ない場合は調理モードや煮込みモードなどを使ってください。普通モードの場合は、機種によってはなかなか火が通らないものもあるので、加熱して竹串を刺し、生っぽいときはもう一度加熱するなどして調節してください。

✓ 野菜を洗う、根菜の皮をむくなどの工程は記載していませんが、事前に行なってください。

✓ 本書で使用している素材の分量は、本文中に指定のない場合は下記の通りです。

- 小さじ1 ………… 5ml
- 大さじ1 ………… 15ml
- 1カップ ………… 200ml
- 米1合 ………… 180ml
- にんじん1本 … 約200g
- たまねぎ1個 … 約200g
- じゃがいも1個 … 約100g
- にんにく1片 …… 約10g
- しょうが1片 …… 約10g

ご飯を美味しく保存する方法

ご飯をまとめて炊いて保存しておくと、当日のおかずは炊飯器におまかせで、忙しいときにもすぐに手作り献立が完成します。

❶ ラップを広げて、炊き上がったご飯を茶わん1杯分ほどのせる

❷ 薄く平らにぴっちりと包み、冷蔵または冷凍して保存する

お肉の主菜

手の込んだお肉の煮込み料理も、炊飯器におまかせで簡単に美味しく仕上がります。

ビーフストロガノフ

牛薄切り肉と野菜の
チャプチェ風煮

牛丼

ビーフストロガノフ

おもてなしにもぴったりのぜいたくメニュー。

材料 （4人分）

牛薄切り肉
　（または切り落とし）
　……………… 400g
たまねぎ ………… 2/3個
マッシュルーム ……… 4個
にんにく ………… 1片
塩、ブラックペッパー
　……………… 各少々
薄力粉 ………… 大さじ2

A {
赤ワイン（なければ
　　酒）…………… 50ml
トマト水煮缶（カット）
　……………… 150g
トマトケチャップ
　…………… 大さじ3
ウスターソース
　……… 大さじ1・1/2
バター（有塩）…… 15g
コンソメの素（固形）
　……………… 1/2個
ローリエ ………… 2枚
水 ……………… 100ml
}

B {
生クリーム … 大さじ2
レモン汁 … 大さじ1/2
}
ご飯 ……………… 適量
生クリーム（お好みで）、
　パセリ（みじん切り・
　お好みで）……… 各適量

作り方

❶ 牛薄切り肉は4cm幅に切り、塩、ブラックペッパーを強めにかけて、薄力粉をまぶす。たまねぎは薄切り、マッシュルームは石づきを除いて汚れをふき薄切り、にんにくはみじん切りにする。

❷ 内鍋に❶、Aを入れて普通モードで炊く。炊き上がったらBを加えて混ぜる。

❸ 器にご飯を盛り、❷をかける。お好みで生クリームをかけ、パセリをちらす。

＼材料を入れてスイッチを押すだけ♪／

牛薄切り肉と野菜のチャプチェ風煮

焼き肉のたれがポイント。野菜もたくさん食べられます。

材料 (4人分)

牛薄切り肉（または 　切り落とし）……… 400g	┌ 焼き肉のたれ │ ……… 大さじ4	┌ ごま油 │ ……… 大さじ1・1/2
にんじん ………… 1/4本	A コチュジャン	B 鶏がらスープの素
いんげん …………… 8本	│ ……… 大さじ1	└ ……… 小さじ1
大豆もやし ………… 1袋	└ しょう油… 大さじ1/2	糸唐辛子（お好みで） ……… 適量

作り方

❶ 牛薄切り肉は4～5cm幅の食べやすい大きさに切る。にんじんは千切り、いんげんは2～3等分の斜め切りにする。

❷ 内鍋に牛肉を入れ、Aを加えて混ぜる。上に、にんじん、いんげん、大豆もやしをのせ、Bをかける。

❸ 早炊きモードで炊き、20分たったらスイッチを切る。野菜ごと軽く混ぜて、器に盛り、お好みで糸唐辛子を添える。

memo
ご飯にのせて、お好みでコチュジャンや、温泉卵か卵黄をのせ、混ぜて食べても美味しい。

牛丼

たまねぎの甘味がしっかりと引き出され、ご飯がすすむ一品です。

材料 (4人分)

牛肉（切り落とし） ……… 400g	┌ だし汁 ……… 1カップ │ しょうが（千切り）	ご飯 ……………… 適量 紅しょうが（お好みで）
たまねぎ ………… 1個	│ ……… 1片分 A しょう油 …… 大さじ3 │ 砂糖 … 大さじ2・1/2 └ 酒 ……… 大さじ2	……… 適量

作り方

❶ 牛肉は3～4cm幅程度に切る。たまねぎは8mm幅の薄切りにする。

❷ 内鍋に❶、Aを入れて早炊きモードで炊く。

❸ ご飯を器に盛り、❷をかけ、お好みで紅しょうがを添える。

memo
七味唐辛子をかけても美味しい。

煮込みデミグラス
ハンバーグ

北欧風ミートボールの
クリーム煮

スペアリブの
コチュジャン煮込み

煮込みデミグラスハンバーグ

濃厚なソースが美味しく、ふっくらジューシーに仕上がります。

材料 4人分

合いびき肉	400g	こしょう	少々
たまねぎ	1個	┌ デミグラスソース	1缶
にんじん	1/2本	│ トマト水煮缶（カット）	150g
卵	1個	A 酒（あれば赤ワイン）	大さじ2
パン粉	2/3カップ	│ しょう油	大さじ1/2
塩	小さじ1/3	└ 砂糖	小さじ1

作り方

❶ たまねぎは、肉だね用1/3個はみじん切り、残り2/3個は1cm幅のくし形切りにしてばらばらにほぐす。にんじんは1cm厚さの輪切りにする。

❷ ボウルに合いびき肉、卵、パン粉、塩、こしょう、❶のたまねぎのみじん切りを入れて、ねばりが出るまで混ぜる。4等分して小判形にまとめる。

❸ 内鍋に、にんじんを並べ、Aを入れる。上にハンバーグをできるだけ重ならないように並べ、間にくし形切りにしたたまねぎをのせる。普通モードで炊く。

北欧風ミートボールのクリーム煮

子どもも大好きな、北欧で定番の家庭料理です。

材料 4人分

合いびき肉	400g	┌ 白ワイン（または酒）		生クリーム	100ml
たまねぎ	1/3個	│	50ml	塩、こしょう	各少々
┌ 卵	1個	│ ウスターソース		パセリ（みじん切り）	
│ パン粉	1/2カップ	│ （またはしょう油）			適量
A 塩	小さじ1/4	B	大さじ1・1/3	マッシュポテト	
└ こしょう	少々	│ コンソメの素（固形）		（お好みで）	適量
薄力粉	大さじ1・1/2	│	1/4個		
バター（有塩）	5g	└ 水	50ml		

作り方

❶ たまねぎはみじん切りにする。ボウルに合いびき肉、たまねぎ、Aを入れてよく混ぜ、小さめのピンポン玉サイズに丸め、薄力粉をまぶす。

❷ 内鍋にバターを塗り、❶を並べ、混ぜ合わせたBをかける（肉だねが重なるところにはBの汁が入り込むようにする）。

❸ 早炊きモードで炊く。炊き上がったら、生クリームを入れて混ぜ、塩、こしょうで味を調えてパセリをちらす。

memo
お好みでマッシュポテトを添えると、より本場の家庭料理風に。

16

スペアリブのコチュジャン煮込み

ほろほろのお肉に甘辛味がきいたごちそう料理。

材料 4人分

豚スペアリブ	800g
しょう油	大さじ2・1/2
コチュジャン	大さじ2
酒	大さじ2
はちみつ	大さじ1
にんにく（すりおろし）	小さじ1
水	150ml
リーフレタス（お好みで）	適量

A（しょう油、コチュジャン、酒、はちみつ、にんにく、水）

作り方

❶ 豚スペアリブとAをボウルに入れて混ぜ、内鍋に入れる。

❷ 普通モードで炊く。炊き上がったら、しばらく冷まし、上に浮いてきた脂をペーパーでそっと吸い取る。お好みでリーフレタスなどの葉野菜を添えて器に盛る。

韓国風の味つけにやみつき！

食べざかりの家族も大満足！

＼骨付き肉料理も炊飯器におまかせ／

酢豚風煮込み

豚とパプリカの
しょうが焼き風煮込み

大きなシュウマイ風

酢豚風煮込み

甘酢あんが柔らかい豚肉と野菜に絡んで食欲をそそります。

材料 4人分

豚肉(酢豚用角切り・ロース
　または肩ロース) ……… 350g
たまねぎ ……………………… 2/3個
ピーマン ……………………… 2個
にんじん ……………………… 1/3本
塩、こしょう ………………… 各少々
片栗粉 ………………… 大さじ1・1/3

┌ 酢(あれば黒酢) ……… 大さじ3
│ 砂糖 ………………………… 大さじ3
│ トマトケチャップ …… 大さじ2・1/2
A│ しょう油 …………………… 大さじ2
│ 酒 …………………………… 大さじ1
│ ごま油 ……………………… 大さじ1
└ しょうが(すりおろし) …… 小さじ1

作り方

❶ 豚肉は4cm角程度に切り、塩、こしょうをふり、片栗粉をまぶす。たまねぎはくし形切りにしてばらばらにほぐし、ピーマンは大きめの乱切り、にんじんは小さめの乱切りにする。

❷ ピーマン以外の❶を内鍋に入れてAを加えて軽く混ぜ、上にピーマンをのせる。早炊きモードで炊く。

memo
ピーマンなど火が通りやすい野菜は大きめに、にんじんなど硬い野菜は小さめに切ることで加熱のムラがなくなります。

豚とパプリカのしょうが焼き風煮込み

炊飯器なら油いらずでしっかり味もしみ込みます。

材料 4人分

豚肉(しょうが焼き用・ロース
　または肩ロース) ……… 8枚(約300g)
パプリカ(赤) ………………… 1個
たまねぎ ……………………… 1/2個
薄力粉 ………………………… 大さじ1

┌ 酒 …………………………… 大さじ3
│ しょう油 …………………… 大さじ3
│ みりん ……………………… 大さじ2
A│ 砂糖 ………………………… 大さじ1
│ しょうが(すりおろし) … 大さじ1/2
└ 水 …………………………… 100ml

作り方

❶ 豚肉は筋の部分に包丁で3〜4カ所切り込みを入れて(縮みが気にならなければ省略しても)、薄力粉をまぶす。パプリカは1cm幅に切る。たまねぎは5mm幅の薄切りにする。

❷ 内鍋に豚肉をできるだけ広げて並べる。豚肉が重なり合うところにはたまねぎを挟む。上に、残りのたまねぎ、パプリカを順にのせてAを入れる。早炊きモードで炊き、20分たったらスイッチを切る。

memo
あれば、付け合わせに千切りキャベツ、きゅうり斜め薄切り、トマトくし形切りなどを添えても。

大きなシュウマイ風

包まず簡単！　水とオーブンシートを敷いて蒸すのがもっちりさせるポイントです。

材料 4人分（仕上がり直径　約15cm）

豚ひき肉	400g
たまねぎ	1/4個
シュウマイの皮	24枚（1袋）
A 片栗粉	大さじ1
しょうが（すりおろし）	小さじ1
しょう油	小さじ1
砂糖	小さじ1
ごま油	小さじ1
塩	小さじ1/2
しょう油	適量
練りからし	適量

作り方

❶　たまねぎはみじん切りにする。

❷　ボウルに❶、豚ひき肉、Aを入れてよく練り混ぜ、平たくひとまとめにする。

❸　内鍋に水90ml（分量外）を入れ、オーブンシートを敷いて、その上にシュウマイの皮を軽く重ねながら並べられる枚数だけ並べる。❷をのせて軽くつぶして厚さを3～4cmにし、鍋底に広げるように押し付ける。残りのシュウマイの皮を細切りにして、上にふんわりとのせる。

❹　普通モードで炊く。炊き上がったら取り出し、切り分けてしょう油、練りからしを添える。

＼ 切り分けて楽しく食べられる ／

白菜と豚バラの
ごまだれ蒸し

ロールキャベツ

バターチキンカレー

白菜と豚バラのごまだれ蒸し

豚肉のうま味が白菜にしみた、ごまの香り豊かな一品。

材料 4人分

白菜 ················ 1/4個（350〜400g）
豚バラ肉（薄切り）················ 250g

A
白練りごま ················ 大さじ2
砂糖、ごま油 ················ 各大さじ1/2
しょう油 ················ 大さじ1
にんにく（すりおろし）······· 小さじ1/2
だし汁 ················ 1カップ

作り方

❶ 白菜は1枚ずつはがす。豚バラ肉は長ければ白菜の長さに合わせて切る。

❷ 白菜、豚肉の順に1枚ずつ交互に重ねる。

❸ ❷を重ねたまま5cm幅に切り、内鍋の外側から中心まで、そのままギュウギュウに詰めていく。上から順に混ぜ合わせたAをかけて、早炊きモードで炊く。

ロールキャベツ

肉だねがぎっしり、コンソメ風味の柔らかいキャベツのうま味を味わえます。

材料 4人分

キャベツ ········ 2/3個（大きめの葉・8枚）

A
合いびき肉 ················ 400g
たまねぎ（みじん切り）········· 1/4個分
卵 ················ 1個
パン粉 ················ 1/2カップ
塩 ················ 小さじ1/4
こしょう ················ 少々

ベーコン ················ 8枚

B
コンソメの素（固形）······· 1・1/2個
水 ················ 2カップ
こしょう（仕上げ用）················ 適量

作り方

❶ キャベツは洗ったときの水をつけたまま耐熱皿にのせてふんわりとラップをする。電子レンジ（600W）で約6分加熱してしんなりしたら水につけて冷やし、水気をきる。芯の部分は叩いておく。

❷ Aをボウルに入れてしっかり混ぜ、8等分にする。

❸ ❶のキャベツに❷の肉だねをのせて包み、ベーコンを巻いて爪ようじでとめる。内鍋に並べて入れてBを加え、普通モードで炊く。器に盛り、こしょうをふる。

memo
内鍋に直接キャベツの葉を入れて、肉だねとキャベツを交互に重ねて、大きなロールキャベツにしてもOK。

バターチキンカレー

クリーミーで本格的なカレーも簡単に手作りできます。

材料 4人分

鶏もも肉 …………………………………	大2枚
たまねぎ …………………………………	1・1/2個

A
┌ トマト水煮缶（カット）
　　………………………………… 1/2缶（200g）
│ プレーンヨーグルト …………………… 100ml
│ バター（有塩） ……………………… 50g
│ カレー粉 …………………… 大さじ3・1/2
│ アーモンドパウダー
│ （なければ白すりごま）
│ 　………………………………… 大さじ1・1/2
│ しょうが（すりおろし） ………… 小さじ1
│ にんにく（すりおろし） …… 小さじ1/2
│ 塩 ………………………………… 小さじ1
│ ローリエ（あれば） ………………… 2枚
└ 水 …………………………………… 70ml
生クリーム（なければ牛乳） …………… 70ml
ご飯 …………………………………… 適量

作り方

❶ 鶏もも肉は皮と脂を除いて、2cm角に切る。たまねぎは粗みじん切りにする。

❷ 内鍋にA、❶を入れて均一になるまで混ぜる。

❸ 普通モードで炊く。炊き上がったら生クリームを混ぜる。

❹ 器にご飯を盛り、❸をかける。

memo
あればパプリカパウダーを仕上げにかけてもOK。

手羽元と大根の
黒酢煮

鶏ときのこの
レモンクリーム煮

焼き鳥風照り煮

鶏とれんこんの
粒マスタードしょう油煮

27

手羽元と大根の黒酢煮

炊飯器におまかせで鶏も大根も柔らかくさっぱりとした味わいです。

材料 4人分

鶏手羽元 ·········· 6〜8本
大根 ······· 1/2本(500g)
しょうが ··········· 1/2片

A
┌ だし汁 ·········· 1カップ
│ しょう油 ······ 大さじ3
│ 酒 ·············· 大さじ2
│ みりん ·········· 大さじ2
│ 黒酢 ····· 大さじ1・1/2
└ 砂糖 ············· 大さじ1

小ねぎ(小口切り・
　お好みで) ········· 適量

作り方

❶ 大根は皮をむいて1.5cm厚さの半月切りもしくはいちょう切り、しょうがは千切りにする。

❷ 内鍋に、❶、鶏手羽元、Aを入れて軽く混ぜる。普通モードで炊く。炊き上がったら上下を混ぜ、そのまま保温モードで10〜20分おく。器に盛り、お好みで小ねぎをちらす。

鶏ときのこのレモンクリーム煮

まろやかさにレモンの酸味が合わさった、満足感の高いメニュー。

材料 4人分

鶏もも肉 ·············· 2枚
たまねぎ ············ 1/2個
まいたけ
　········ 1/2パック(50g)
しめじ
　········ 1/2パック(50g)
レモン ··············· 1/2個

塩、こしょう ······· 各少々
薄力粉 ············· 大さじ2
バター(有塩) ·········· 10g

A
┌ 白ワイン ·········· 50ml
│ コンソメの素(固形)
│ ················· 1/2個
└ 水 ··············· 100ml

B
┌ 生クリーム(または牛
│ 　乳) ················· 70ml
└ 塩、こしょう ··· 各少々
イタリアンパセリ
　(お好みで) ········· 適量

作り方

❶ 鶏もも肉は、肉からはみ出た皮と脂を除いて1枚を6等分に切る。塩、こしょうをふり、薄力粉をまぶす。たまねぎは1cm幅の薄切り、まいたけ、しめじは石づきを除いてほぐす。レモンは薄切りにする。

❷ 内鍋にバターを塗り、鶏肉を皮目を下にして入れ、たまねぎ、きのこ類、レモンの順にのせる。Aを加えて普通モードで炊く。

❸ 炊き上がったらBを加える。お好みでイタリアンパセリをのせる。

焼き鳥風照り煮

大人もうれしい甘辛いたれに、箸が止まらなくなること必至です。

材料 4人分

鶏もも肉	2枚
長ねぎ	2本
薄力粉	大さじ1/2

A		
	酒	50ml
	しょう油	大さじ3
	みりん	大さじ2
	砂糖	大さじ1
	しょうが(すりおろし)	小さじ1/2
	水	大さじ2
	七味唐辛子(お好みで)	適量

作り方

❶ 鶏もも肉は、肉からはみ出た皮と脂を除き、4cm四方に切って薄力粉をまぶす。長ねぎは4cm長さのぶつ切りにする。

❷ 内鍋に❶、Aを入れて全体を混ぜ、鶏肉の皮ができるだけ内鍋の底に当たるように並べる。早炊きモードで炊き、30分たったらスイッチを切る。器に盛り、お好みで七味唐辛子をかける。

鶏とれんこんの粒マスタードしょう油煮

ほどよくぴりりとしたソースと鶏肉の相性がばっちりです。

材料 4人分

鶏もも肉	2枚
れんこん	100g
塩、こしょう	各少々
薄力粉	大さじ1・1/2

A		
	酒(あれば白ワイン)	50ml
	しょう油	大さじ2
	粒マスタード	大さじ1・1/3
	はちみつ	大さじ1/2
	水	大さじ2

作り方

❶ 鶏もも肉は、肉からはみ出た皮と脂を除き、6cm四方に切る。塩、こしょうをふり、薄力粉をまぶす。れんこんは8mm厚さに切り、さっと水にさらして水気をきる。

❷ 内鍋に鶏肉、Aを入れて混ぜ、上にれんこんをのせる。早炊きモードで炊く。

鶏のカチャトーラ風
トマト煮

鶏の中華風
ねぎだれ蒸し

魚介の主菜

さまざまなお魚がふっくら柔らか、和洋のアレンジも自在。加熱時間は短めがポイントです。

アクアパッツァ

鶏のカチャトーラ風トマト煮

オリーブ油で鶏と野菜のうま味が引き立つイタリア料理。

材料 4人分

鶏もも肉	大2枚
たまねぎ	1個
ピーマン	2個
エリンギ	2本
にんにく	1片
塩、こしょう	各少々
薄力粉	大さじ1
ブラックペッパー（お好みで）	少々
粉チーズ（お好みで）	適量

A
トマト水煮缶（カット）	1缶（400g）
白ワイン（なければ酒）	大さじ2
オリーブ油	大さじ1/2
コンソメの素（固形）	1/2個
砂糖	小さじ1/2
鷹の爪（輪切り）	一つまみ
ローリエ（あれば）	2枚
ドライバジル（あれば）	小さじ1

作り方

❶ 鶏もも肉は余分な皮と脂を除いて1枚を6〜8等分に切り、塩、こしょうをふり、薄力粉をまぶす。たまねぎはくし形切りにしてばらばらにほぐし、ピーマンは縦に4等分、エリンギは縦に6等分に切り、にんにくはみじん切りにする。

❷ 内鍋にA、鶏肉、たまねぎ、エリンギ、にんにくを入れて混ぜ、上にピーマンをのせる。普通モードで炊く。炊き上がったら、味をみて塩（適宜）で調味する。お好みでブラックペッパー、粉チーズをふる。

鶏の中華風ねぎだれ蒸し

やみつきになるねぎだれが、しっとりしたお肉にたっぷりと絡みます。

材料 4人分

鶏もも肉（またはむね肉）	2枚
長ねぎ	2本
白髪ねぎ	適量
ラー油（お好みで）	適量

A
酒	100ml
オイスターソース	大さじ1/2
鶏がらスープの素	小さじ1
にんにく（すりおろし）	小さじ1
ごま油	小さじ1
塩	小さじ1/3
水	150ml

作り方

❶ 鶏もも肉は皮と脂を除き、厚みのあるところに切り込みを入れて開く。長ねぎは斜め薄切りにする。

❷ 内鍋にA、❶を入れてもみ込み、鶏肉が重ならないよう広げて、早炊きモードで炊き、20分たったらスイッチを切る。

❸ 取り出して粗熱を取ってから、鶏肉をそぎ切りにする。器に盛り、白髪ねぎをのせてお好みでラー油をかける。

memo
ホワジャオ（中華山椒）などをのせても美味しい。

アクアパッツァ

白身魚の美味しさが活きる、シンプルな味つけのイタリア料理。

材料 4人分

タイ	4切れ
あさり	200g（砂抜き済）
ミニトマト	10〜12個（1パック）
ブラックオリーブ（輪切り・あれば）	20g
塩、こしょう	各少々

┌ 白ワイン（または酒） 50ml
A にんにく（みじん切り） 1片分
└ 水 1カップ

イタリアンパセリ、レモン（くし形切り）	各適量
バゲット（お好みで）	適量

作り方

❶ タイはキッチンペーパーで水気をふき、塩、こしょうをふる。あさりはこすり合わせてよく洗う。ミニトマトはヘタを取る。

❷ 内鍋に❶、あればブラックオリーブを並べ、Aを加える。早炊きモードで炊き、<u>20分たったらスイッチを切る。</u>

❸ 器に盛り、イタリアンパセリ、レモンを添える。お好みでバゲットと一緒にいただく。

memo
◎えびを入れても美味しくいただけます。
◎ブラックオリーブの代わりに、ケイパーを粗く刻んで入れるのもおすすめ。

魚はタイのほか、
タラなどでも美味しい！

タラの
カレークリーム煮

鮭の
ちゃんちゃん焼き風

鮭のケチャップ
チーズ蒸し煮

タラのカレークリーム煮

カレー風味のまろやかなクリームと白身魚がよく合います。

材料 4人分

タラ（生）	4切れ
たまねぎ	1/2個
アスパラガス	4本
塩、こしょう	各少々
薄力粉	大さじ1

A		
	白ワイン	1/4カップ
	カレー粉	小さじ1
	コンソメの素（顆粒）	小さじ1
	水	150ml

	バター（有塩）	10g
B	生クリーム	70ml
	塩	少々

作り方

❶ タラはキッチンペーパーで水気をふき、塩、こしょうをふり、薄力粉をまぶす。たまねぎは薄切りにする。アスパラガスは根元の硬い部分をピーラーで皮をむき、長さを3〜4等分にする。

❷ 内鍋に❶のたまねぎ、タラ、アスパラガスの順に入れ、上から混ぜ合わせたＡをかけてバターをのせる。

❸ 早炊きモードで炊き、20分たったらスイッチを切る。Ｂを加えて、タラを崩さないよう軽く混ぜる。

memo
タラのかわりにタイ、メカジキなどお好みの白身魚で作っても。

魚は火が通りやすいので、
加熱しすぎないように注意！

鮭のちゃんちゃん焼き風

鮭と野菜に味噌の風味がしみ込んだ重ね蒸し料理。

材料 4人分

鮭（生）	4切れ	塩、こしょう	各少々
キャベツ	1/6個（200g）	バター（有塩）	8g
たまねぎ	1/2個	┌ 酒	50ml
にんじん	1/4本	A 味噌	大さじ4
しめじ	1/2パック（50g）	└ みりん、砂糖	各大さじ2

作り方

❶ 鮭はキッチンペーパーで水気をふき、塩、こしょうをふる。キャベツは5cm四方のざく切り、たまねぎは1cm幅のくし形切りにしてばらばらにほぐし、にんじんは短冊切りにする。しめじは石づきを除いてほぐす。

❷ 内鍋にたまねぎ、にんじん、しめじ、キャベツ、鮭の順に入れる。バターをちぎって、ところどころにのせる。混ぜ合わせたAを上からかける。

❸ 早炊きモードで炊き、20分たったらスイッチを切る。

鮭のケチャップチーズ蒸し煮

鮭をピザ風にアレンジし、子どもも大好きな味。

材料 4人分

鮭（生）	4切れ	トマトケチャップ	大さじ2
たまねぎ	1/2個	ピザ用チーズ	100g
塩、こしょう	各少々	パセリ（みじん切り）	適量
酒	50ml		

作り方

❶ 鮭はキッチンペーパーで水気をふき、塩、こしょうをふる。たまねぎは薄切りにする。

❷ 内鍋に、たまねぎ、酒、鮭の順に入れて、鮭にトマトケチャップを塗り、ピザ用チーズをのせる。

❸ 普通モードで炊き、20分たったらスイッチを切る（あれば調理モードを使う）。器に盛り、パセリをちらす。

memo

水分が少ないので「普通」「早炊き」モードでは加熱してもなかなか温度が上がらない機種も。「調理」または「煮込み」モードがある場合は使用し、ない場合は再度加熱してください。

サバの味噌煮

いわしの梅煮

ブリと野菜の
甘酢炒め風煮

タコとマッシュルームの
アヒージョ風

サバの味噌煮

身に煮汁がしみわたり、簡単に臭みなく仕上がります。

材料 4人分

サバ	4切れ		
ねぎ	1本		
しょうが	1/2片		

	酒	50ml
	味噌	大さじ2
	砂糖	大さじ1・1/2
A	みりん	大さじ1
	しょう油	小さじ1
	水	1カップ

作り方

❶ サバはキッチンペーパーで水気をふき、皮目に十字に浅く切り込みを入れる。ねぎは4cm長さのぶつ切り、しょうがは薄切りにする。

❷ 内鍋に、ねぎ、しょうが、サバの順に並べて入れ、上から混ぜ合わせたAをかける。

❸ 早炊きモードで炊き、20分たったらスイッチを切る。

いわしの梅煮

梅の酸味としょうががきいた和の一品。

材料 4人分

いわし	4尾		
梅干し（塩分10％）	2個（約35g）		

	酒	100ml
	みりん	大さじ3
	砂糖	大さじ1・2/3
A	酢	大さじ1
	しょう油	小さじ2
	しょうが（千切り）	1片分
	水	50ml

作り方

❶ いわしはうろこを取り、頭と内臓を除き、さっと洗ってからキッチンペーパーで水気をよくふく。梅干しは半分にちぎる。

❷ 内鍋に❶を並べ、Aを入れる。普通モードで炊き、20分たったらスイッチを切る。できればそのまましばらくおいて、味をなじませる。

memo

あれば山椒の実などを加えても美味しい。

ブリと野菜の甘酢炒め風煮

中華あんでブリがしっとり、さまざまな野菜の食感も楽しめます。

材料 4人分

ブリ	4切れ	酒	大さじ2
にんじん	1/3本	しょう油	大さじ2
れんこん	50g	砂糖	大さじ2
たまねぎ	1/4個	A 酢	大さじ2
片栗粉	大さじ1/2	しょうが（すりおろし）	小さじ1/2
		水	70ml

作り方

❶ ブリはキッチンペーパーで水気をふき、4等分に切り、片栗粉をまぶす。にんじんは短冊切り、れんこんは3〜4mm厚さの輪切りもしくは半月切りにして水にさっとさらして水気をきり、たまねぎはくし形切りにしてばらばらにほぐす。

❷ 内鍋に、A、❶を入れて軽く混ぜ、ブリが重ならないように並べる。早炊きモードで炊き、20分たったらスイッチを切る。軽く混ぜて器に盛る。

タコとマッシュルームのアヒージョ風

にんにく香るスペイン料理は、おつまみにもぴったり。

材料 4人分

ゆでタコ	150g	白ワイン	50ml	パセリ（みじん切り）	
マッシュルーム		オリーブ油	大さじ2	B	大さじ2
	2パック（8〜12個）	A 塩	小さじ1/2	オリーブ油	大さじ2
にんにく	2片	ブラックペッパー		バゲット（お好みで）	
			少々		適量
		水	50ml		

作り方

❶ ゆでタコはぶつ切りにし、マッシュルームは石づきを除いて汚れをふき、大きければ半分に切る。にんにくはみじん切りにする。

❷ 内鍋にA、❶を入れて軽く混ぜる。

❸ 早炊きモードで炊き、15分たったらスイッチを切る。Bを加えて混ぜる。お好みでバゲットにのせていただく。

memo

マッシュルームに火が通っていないときは、軽く混ぜてから保温モードでおくか、追加で5分ほど加熱してください。

卵・豆類・加工品の主菜

常備しやすい食材を使って、いつでもすぐできる主役級のおかずが完成。

マーボー豆腐

油揚げの宝煮

チリコンカン

マーボー豆腐

とろっとしたひき肉あんでご飯がすすみます。

材料 4人分

木綿豆腐	1丁（400g）
豚ひき肉	100g
長ねぎ	1/2本
┌ ごま油	大さじ2
│ テンメンジャン	大さじ1・1/2
│ トウバンジャン	大さじ1/2
│ しょう油、酒	各大さじ1
A 片栗粉	大さじ1
│ 鶏がらスープの素	小さじ1
│ しょうが（すりおろし）	小さじ1
│ 砂糖	小さじ1/2
└ 水	150ml
白髪ねぎ（お好みで）	適量

作り方

❶ 木綿豆腐は2cm角に切る。長ねぎは粗みじん切りにする。

❷ 内鍋にA、豚ひき肉、長ねぎを入れて混ぜ、早炊きモードで炊き、20分たったらスイッチを切って混ぜる。

❸ すぐに❶の豆腐を加えてそのまま保温モードで10分おき、豆腐を崩さないように混ぜる。器に盛り、お好みで白髪ねぎをのせる。

memo
あれば山椒をかけても美味しい。

木綿豆腐は後入れするのが
ポイント

油揚げの宝煮

一口嚙むと、具材のうま味がつまった煮汁が口いっぱいに広がります。

材料 4人分

油揚げ	4枚	しいたけ	1枚
木綿豆腐	250g	しょうが（すりおろし）	小さじ1/3
鶏ひき肉	70g	A ┌ 麺つゆ（2倍濃縮）	1/2カップ
にんじん	1/4本	└ 水	150ml

作り方

❶ 油揚げは菜箸などを上から転がして開きやすくし、半分に切って開く。油っぽい場合は熱湯を回しかけて油抜きをし、さっと水で冷やして水気を軽く絞る。木綿豆腐は水きりする。

❷ にんじんは千切り、しいたけは石づきを除いて薄切りにする。

❸ ボウルに❷、豆腐、鶏ひき肉、しょうがを入れて練り混ぜる。8等分にして❶の油揚げに詰め、口を折りたたんで爪ようじでとめる。

❹ 内鍋に❸を並べ、Aを加えて早炊きモードで炊き、20分たったらスイッチを切る。

チリコンカン

ボリュームたっぷり、アメリカの家庭料理の定番です。

材料 4人分

合いびき肉	200g	A ┌ コンソメの素（固形）	1個
たまねぎ	中1個（150g）	│ トマトケチャップ	大さじ2
トマト水煮缶（カット）	1缶（400g）	│ 中濃ソース	大さじ1
キドニービーンズ（いんげん豆）水煮		│ チリパウダー（または一味唐辛子）	
	110g（1缶）	│	小さじ1〜1・1/2
		│ にんにく（すりおろし）	小さじ1
		│ ドライハーブ	小さじ1/2
		└ 塩	少々

作り方

❶ たまねぎは粗みじん切りにする。

❷ 内鍋に、❶、合いびき肉、トマト水煮缶、キドニービーンズ、Aを入れて軽く混ぜ、早炊きモードで炊く。

memo

チリパウダーは小さじ1で味をみて、辛さが足りなければ最後に足すとよい。

かに玉風
中華オムレツ

キッシュ風オムレツ

サバ缶とじゃがいもの
カレー煮

かに玉風中華オムレツ

みんなで取り分けて食べるのが楽しい、あんかけジャンボオムレツ。

材料 4人分

卵	6個
かに風味かまぼこ	4本
長ねぎ	1/3本

A
┌ 酒	大さじ1
│ しょう油	小さじ1
│ 鶏がらスープの素	小さじ1
└ 塩、こしょう	各少々
ごま油	大さじ1/2

〈あん用〉

B
┌ 酒	大さじ1
│ 片栗粉	小さじ1
│ 酢	大さじ1
│ 砂糖	大さじ1
│ しょう油	大さじ1/2
│ 鶏がらスープの素	小さじ1
└ 水	100ml

作り方

❶ 長ねぎはみじん切りにする。

❷ ボウルに❶、卵、軽くほぐしたかに風味かまぼこ、Aを入れて混ぜる。

❸ 内鍋にごま油を塗り、❷を流し入れ、早炊きモードで炊く。スイッチが切れたら中を確認し、卵が固まっていなければ保温モードでさらに火を通す。内鍋に皿をかぶせるようにして返して取り出す。

❹ ボウルにBを上から順に入れて混ぜてから、卵を取り出した内鍋に流し入れてさっと混ぜ、普通モードで3分炊いてあんを作る。とろみがついていなければさらに追加で5分加熱する。手早く混ぜて❸にかける。

memo
あんはフライパンや小鍋で煮立ててもOK。

キッシュ風オムレツ

サンドイッチ用食パンを生地にアレンジして、手軽で美味しく見た目もおしゃれに。

材料 4人分（作りやすい分量）

サンドイッチ用食パン	6枚
ほうれん草	2株
たまねぎ	1/6個
ベーコン	2枚

	卵	4個
	牛乳	大さじ3
A	塩	小さじ1/4
	こしょう	少々
ピザ用チーズ		80g

作り方

❶ 内鍋に油（分量外）を薄く塗っておく。サンドイッチ用食パンはトースターで焼く。温かいうちに、内鍋の底に沿わせるように敷き込む（パンが多少折れてしまってもOK）。

❷ ほうれん草は2cm長さに切り、たまねぎは薄切りにする。ベーコンは1cm幅に切る。ボウルに**A**と一緒に入れて混ぜ合わせ、❶に流し入れ、ピザ用チーズをのせる。

❸ ケーキモードで50分、なければ普通モードで炊く。粗熱が取れたら、ヘラなどをそっと差し込み、皿に取り出す。

memo

ケーキモードがない場合は、調理モードまたは普通モードで炊き、加熱後、生っぽいようであれば、再度時間を調節して加熱してください。

サバ缶とじゃがいものカレー煮

そのままでも美味しいサバ缶をトマトとコンソメで洋風に仕上げます。

材料 4人分

サバ缶	1缶（約200g）
じゃがいも	3個
たまねぎ	1/2個
トマト	1個

	酒	大さじ2
	カレー粉	小さじ1
A	コンソメの素（顆粒）	小さじ1
	砂糖	一つまみ
	水	150ml
塩		少々

作り方

❶ じゃがいもは4〜6等分に切る。たまねぎは1cm幅のくし形切りにしてばらばらにほぐし、トマトはざく切りにする。

❷ 内鍋に❶、**A**を入れて混ぜ、軽く汁気をきったサバ缶を加えて、早炊きモードで炊く。20分たったらスイッチを切り、軽く混ぜ、味をみて塩で調える。

副菜

もう一品あると嬉しい副菜レシピ。作り置きにもおすすめです。

ひじきの煮物

ウインナーと
キャベツの蒸し煮

じゃがいもの
チーズグラタン風重ね蒸し。

れんこんとごぼうとにんじんの
きんぴら風

ひじきの煮物

食べてほっこり、定番の和食が炊飯器におまかせでらくらく完成。

材料 4人分

長ひじき	25g	┌ だし汁	1・1/2カップ
にんじん	1/3本	A しょう油、砂糖	各大さじ2・1/2
油揚げ	1/2枚	└ みりん	大さじ1・1/3
		冷凍枝豆（あれば）	適量

作り方

❶ 長ひじきは水で15〜20分戻し、水気をきる。にんじんは3cm長さ程度の細切り、油揚げは2cm長さ程度の細切りにする。

❷ 内鍋にA、❶を入れて混ぜ、早炊きモードで炊き、20分たったらスイッチを切る。解凍した冷凍枝豆を加えて混ぜる。

memo
冷凍枝豆は彩りなので、なくてもOK。油揚げが油っぽいときは熱湯をかけて油抜きをする。

副菜

ウインナーとキャベツの蒸し煮

シンプルな材料でキャベツを美味しくたくさん食べられます。

材料 4人分

キャベツ	1/2個	┌ 酒	50ml
ウインナーソーセージ	4本	A 水	70ml
にんにく	1片	└ オリーブ油	大さじ1/2
ホールコーン	50g	塩、ブラックペッパー	各少々

作り方

❶ キャベツは大きめのざく切りにする。にんにくはみじん切りにする。ウインナーソーセージは斜め2等分に切る。

❷ 内鍋にキャベツ、にんにく、ウインナーソーセージ、ホールコーンの順に入れてAをかけ、塩、ブラックペッパーをふる。早炊きモードで炊き、15分たったらスイッチを切る。

じゃがいものチーズグラタン風重ね蒸し

ほくほくのじゃがいもととろけたチーズは、家族みんなに好評間違いなしです。

材料 4人分

じゃがいも	3個	A ┌ 白ワイン（または酒）	大さじ1
ハム	4枚	└ オリーブ油	大さじ1/2
塩	少々	ブラックペッパー	少々
ピザ用チーズ	100g		

作り方

❶ じゃがいもは5mm厚さに切り、さっと水にさらして水気をきり、塩をまぶす。ハムは放射状に8等分に切る。

❷ 内鍋に水50ml（分量外）を入れて、その上にオーブンシートを敷く。じゃがいも、ハム、ピザ用チーズを交互に重ねていき、チーズを少し残しておく。Aをかけ、一番上に残しておいたチーズをのせる。普通モードで炊く。いったんオーブンシートごと取り出してから器に移し、ブラックペッパーをふる。

れんこんとごぼうとにんじんのきんぴら風

たっぷりの根菜とごまの風味が食欲をそそる人気メニュー。

材料 4人分

れんこん	100g	┌ 砂糖	大さじ2強
ごぼう	1本（150g）	│ しょう油	大さじ2
にんじん	1/2本	│ 酒	大さじ1
		A ごま油	大さじ1/2
		│ 白ごま	大さじ1/2
		└ 水	50ml

作り方

❶ れんこんは3mm厚さの半月切りにしてさっと水にさらして水気をきる。ごぼうは太めの千切りにして水にさっとさらして水気をきる。にんじんはいちょう切りにする。

❷ 内鍋にA、❶を入れて混ぜ、調理モード、なければ普通モードで炊き、30分たったらスイッチを切る。

memo

水分が少ないため、普通モードや早炊きモードだとなかなか火が通らない炊飯器もある。あれば調理モードや煮込みモードなどを使うとよい。

主食

世界の炊き込みご飯から麺料理まで、一品で献立が完成する、バラエティ豊富な簡単レシピです。

シンガポール風
チキンライス

シーフードパエリア

炊き込みビビンバ

シンガポール風チキンライス

鶏のゆで汁がしみたご飯が美味。2種のたれを好みでかけながらいただきます。

材料 4人分

米	2合
鶏もも肉	2枚
長ねぎ（青い部分）	1本分
しょうが	1/3片
にんにく	1片
┌ 酒	大さじ2
A ナンプラー	大さじ1
└ 塩	小さじ1/2
┌ たれ1	
B スイートチリソース	大さじ2
└ ナンプラー、レモン汁	各小さじ2

┌ たれ2	
│ 酢	大さじ2
C しょう油、砂糖	各大さじ1
│ オイスターソース	小さじ2
└ しょうが（すりおろし）	小さじ1/4

〈付け合わせ用・お好みで〉
きゅうり（斜め薄切り）、シャンツァイ、
　レモン（くし形切り）、
　トマト（くし形切り）など …… 各適量

作り方

❶ 米はといで内鍋に入れ、普通に水加減する。30分以上吸水させたら水を50ml捨てる。

❷ 鶏もも肉は余分な皮と脂を除き、厚いところは包丁で開き、Aをもみ込む。長ねぎは8cm長さ程度に切る。しょうがは薄切りにし、にんにくはつぶす。

❸ ❶に鶏肉のつけ汁を入れて混ぜ、その上に鶏肉を2枚が重ならないように広げてのせて、その上に長ねぎ、しょうが、にんにくをのせる。あれば炊き込みご飯モード、なければ普通モードで炊く。炊き上がったら鶏肉と長ねぎ、しょうが、にんにくを取り出し、鶏肉は食べやすい大きさにそぎ切りにする。ご飯はさっくりと混ぜる。

❹ ❸を器に盛り、混ぜ合わせたたれ1（B）、たれ2（C）、お好みで付け合わせの野菜を添える。

主食

≫ 炊き込みご飯を作るときの注意

◎あれば炊き込みご飯モードを使うと、加熱ムラができづらくなります。ない場合は普通モードを使ってください。

◎具材をつけ汁ごと加える炊き込みご飯は、あらかじめ汁の部分を米に混ぜ、具材は上にそっとのせてください。炊く前に具と米が混じってしまうと、加熱ムラができて、ご飯が生炊きになってしまうことがあるので注意してください。

シーフードパエリア

見た目も嬉しい、スペインの代表料理。

材料 4人分

米 ……………………… 2合	ベーコン ……………… 2枚	┌ 白ワイン ………… 50ml
えび（殻付き）………… 8尾	ブラックオリーブ	│ コンソメの素
あさり … 150g（砂抜き済）	（種なし輪切り）	│ （固形・刻む）… 1個
たまねぎ ……………… 1/4個	（あれば）………… 20g	A オリーブ油 … 大さじ1
にんにく ………………… 1片	塩、パセリ ……… 各適量	│ 塩 ………… 小さじ1/3
トマト ………………… 1/2個	レモン（くし形切り）	│ サフラン …… 一つまみ
パプリカ（赤）…… 1/2個	……………………… 適量	└ こしょう ………… 少々

作り方

❶ 米はといで内鍋に入れ、普通に水加減し、そこから水を100ml捨てる。Aを加えて混ぜる。

❷ たまねぎ、にんにくはみじん切りにし、トマトは1.5cm角、パプリカは1cm幅に切る。ベーコンは2cm幅に切る。えびは背ワタと剣先を除く。あさりはこすり合わせてよく洗う。

❸ ❶に、❷のあさり以外と、あればブラックオリーブを並べ、あさりを一番上にのせて、早炊きモードで炊く。炊き上がったら味をみて、もの足りなければ塩を少々足す。器に盛り、パセリ（みじん切り）をちらして、レモンを添える。

炊き込みビビンバ

人気の韓国料理も、材料を炊飯器に入れてスイッチを押すだけで出来上がり。

材料 4人分

米 ………………………………………… 2合	┌ コチュジャン ………………… 大さじ2
牛こま切れ肉 …………………………… 200g	│ しょう油 …………… 大さじ1・1/2
にんじん ……………………………… 1/3本	A 焼き肉のたれ、酒 ……… 各大さじ1
ぜんまい水煮 …………… 1パック（60g）	│ ごま油 ………………… 大さじ1/2
にら …………………………………… 1/3束	└ にんにく（すりおろし）… 小さじ1
大豆もやし …………………… 1/2パック	温泉卵（お好みで）………………… 適量

作り方

❶ 米はといで内鍋に入れ、普通に水加減する。30分以上吸水させたら水を100ml捨てる。

❷ 牛こま切れ肉にAをもみ込み、できれば冷蔵庫で30分おく。にんじんは短冊切り、ぜんまい水煮は水気をよくきり、6cm長さ程度に切る。にらは3cm長さに切る。

❸ ❶に、牛肉を汁ごと入れ、大豆もやし、ぜんまい、にんじんの順にのせて、あれば炊き込みご飯モード、なければ普通モードで炊く。炊き上がったらにらを加えて混ぜる。器に盛り、お好みで温泉卵をのせる。

焼き豚の
中華風おこわ

炊き込みチャーハン

タンドリーチキン風
カレーピラフ

ウインナーと鶏肉の
ジャンバラヤライス

焼き豚の中華風おこわ

もちもちのおこわと栗の甘味がマッチします。

材料 4人分

もち米	2合	しょう油、オイスターソース、酒 各大さじ1	
焼き豚	80g	A ごま油 小さじ1	
にんじん	1/3本	しょうが（すりおろし） 小さじ1	
長ねぎ	8cm分	松の実（あれば・またはカシューナッツ）	
むき甘栗	12粒	15g	
干しえび	10g		

作り方

❶ もち米はといで内鍋に入れ、普通に水加減し、そこから水を大さじ4捨てる。Aを加えて混ぜる。

❷ 焼き豚は1.5cm角、にんじんは1cm角に切り、長ねぎは小口切りにする。

❸ ❶の上に❷、むき甘栗、干しえび、松の実をのせて、あればおこわモード、なければ普通モードで炊く。炊き上がったらすぐに混ぜる。

memo

◎炊飯器におこわモードがあるときは調味料と水でおこわの水加減にし、おこわモードで炊くとよい。ない場合は、普通モードまたは炊き込みご飯モードで。

◎吸水時間は短時間でよいので、野菜を切ってのせたらすぐに炊いてOK。

炊き込みチャーハン

炊飯後に溶き卵を加えれば、パラパラに仕上がります。

材料 4人分

米	2合	しょう油、酒、ごま油 各大さじ1	
焼き豚	80g	鶏がらスープの素 小さじ2	
長ねぎ	1/3本	A しょうが（すりおろし） 小さじ1	
卵	2個	塩 小さじ1/4	
		こしょう 少々	

作り方

❶ 米はといで内鍋に入れ、普通に水加減する。30分以上吸水させたら水を50ml捨てる。

❷ 焼き豚は1cm角に切る。長ねぎは小口切りにする。

❸ ❶にAを混ぜ、上に❷をのせる。あれば炊き込みご飯モード、なければ普通モードで炊く。炊き上がったら溶いた卵を加えてすぐに蓋をし、そのまま卵が固まるまで保温モードで10〜12分おいて混ぜる。

memo

加熱ムラができづらい食材なので、普通モードで炊いてOK。

タンドリーチキン風カレーピラフ

骨付き肉が柔らかくスパイシーなインド料理。

材料 4人分

米	2合
鶏手羽元	6〜8本
たまねぎ	1/4個
コンソメの素(固形・刻む)	1個
バター(有塩)	10g
カシューナッツ	30g
イタリアンパセリ(あれば)	適量

┌ プレーンヨーグルト	大さじ2
│ カレー粉、トマトケチャップ	
│	各大さじ1・1/2
A │ しょう油	大さじ1/2
│ にんにく(みじん切り)	1片分
│ (またはすりおろし	小さじ1)
└ 塩	小さじ1/2

作り方

❶ 米はといで内鍋に入れ、普通に水加減し、30分以上吸水させたら水を100ml捨てる。

❷ 鶏手羽元にAをもみ込み、30分おく。たまねぎは薄切りにする。

❸ ❶に❷の鶏肉のつけ汁、コンソメの素を先に加えて混ぜ、上にたまねぎ、鶏肉、バターの順に、肉が重ならないようにのせる。あれば炊き込みご飯モード、なければ普通モードで炊く。器に盛り、刻んだカシューナッツをちらす。あればイタリアンパセリを添える。

ウインナーと鶏肉のジャンバラヤライス

香辛料がない場合はカレー粉で代用しても。

材料 4人分

米	2合
鶏もも肉	1枚
粗びきウインナーソーセージ	
(チョリソー)	8本
たまねぎ	1/6個
パプリカ(黄)	1/2個
ピーマン	1個
コンソメの素(固形・刻む)	1・1/2個

┌ トマトケチャップ	大さじ2
│ オリーブ油	大さじ1/2
│ パプリカパウダー	小さじ2
│ チリパウダー、クミンパウダー	
A │	各小さじ1
│ にんにく(すりおろし)	小さじ1
│ 塩	小さじ1/4
└ ブラックペッパー	適量

作り方

❶ 米はといで内鍋に入れ、普通に水加減し、30分以上吸水させたら水を100ml捨てる。

❷ 鶏もも肉は余分な皮と脂を除き、5cm四方に切りAをもみ込む。粗びきウインナーソーセージは斜めに4mm間隔で切り込みを入れる。たまねぎは粗みじん切り、パプリカ、ピーマンは縦に2cm幅に切る。

❸ ❶に❷の鶏肉のつけ汁、コンソメの素を先に加えて混ぜる。上にそっと鶏肉をのせ、❷の野菜、ウインナーソーセージものせる。あれば炊き込みご飯モード、なければ普通モードで炊く。

主食

さつまいもとひき肉の
炊き込みご飯

あさりとたけのこの
炊き込みご飯

ツナとれんこんの
味噌風味炊き込みご飯

豚と切り昆布と厚揚げの
沖縄風炊き込みご飯

さつまいもとひき肉の炊き込みご飯

鶏ひき肉とさつまいもの甘味がやさしく、満足感もしっかり。

材料 4人分

米	2合
さつまいも	1/2本
鶏ひき肉	100g
A ┌ しょう油、酒	各大さじ2
└ しょうが（すりおろし）	小さじ1

作り方

❶ 米はといで内鍋に入れ、普通に水加減する。30分以上吸水させたら水を大さじ3捨てる。

❷ さつまいもは1cm厚さのいちょう切りにし、さっと水にさらして水気をきる。

❸ ❶にAを混ぜ、上に鶏ひき肉、❷をのせて、あれば炊き込みご飯モード、なければ普通モードで炊く。炊き上がったらさっくりと混ぜる。

memo
加熱ムラができづらい食材なので、普通モードで炊いても。

あさりとたけのこの炊き込みご飯

あさりのうま味がしみ込んだご飯とたけのこの食感が楽しめます。

材料 4人分

米	2合
あさり	200g（砂抜き済）
（または水煮缶	正味60g）
たけのこ水煮	80g
しょうが	1/2片

A ┌ 酒	大さじ2
│ しょう油	大さじ1・1/2
│ みりん	大さじ1/2
└ 塩	小さじ1/4
昆布（5cm四方）	1枚
小ねぎ（小口切り）	適量

作り方

❶ 米はといで内鍋に入れ、普通に水加減する。30分以上吸水させたら水を大さじ4捨てる。

❷ あさりはこすり合わせてよく洗い水気をきる。たけのこ水煮は食べやすい大きさに切る。しょうがは千切りにする。

❸ ❶にAを加えて混ぜ、上に❷、昆布をのせて、あれば炊き込みご飯モード、なければ普通モードで炊く。炊き上がったら、昆布を取り出し、あさりの半量は殻から外して、さっくりと混ぜて小ねぎをちらす。

ツナとれんこんの味噌風味炊き込みご飯

味噌ベースのご飯とツナの組み合わせは、みんながやみつきに。

材料 4人分

米	2合	酒	大さじ2
ツナ缶	1缶（汁気をきる）	味噌	大さじ1・1/2
れんこん	100g	しょう油、みりん	各大さじ1/2
しょうが	1/2片	和風顆粒だし	小さじ1

A（酒・味噌・しょう油、みりん・和風顆粒だし）

作り方

❶ 米はといで内鍋に入れ、普通に水加減する。30分以上吸水させたら水を大さじ5捨てる。

❷ れんこんは3mm厚さのいちょう切りにして、水にさっとさらして水気をよくふく。しょうがは千切りにする。

❸ ❶にAを混ぜ、上に❷、ツナをのせて、あれば炊き込みご飯モード、なければ普通モードで炊く。炊き上がったらさっくりと混ぜる。

> **memo**
> お好みでごまをちらしても。

豚と切り昆布と厚揚げの沖縄風炊き込みご飯

豚と昆布を一緒に炊き上げるのでうま味がたっぷり。

材料 4人分

米	2合	切り昆布	5g
豚薄切り肉	120g	しょう油	大さじ2
厚揚げ	100g	みりん、酒	各大さじ1
にんじん	1/4本	和風顆粒だし、しょうが（すりおろし）	
干ししいたけ（スライス）	3g		各小さじ1

A（しょう油・みりん、酒・和風顆粒だし、しょうが（すりおろし））

作り方

❶ 米はといで内鍋に入れ、普通に水加減する。30分以上吸水させたら水を大さじ4捨てる。

❷ 豚薄切り肉は2cm幅に切り、厚揚げは1.5cm角に切る。にんじんは3cm長さの細切りにする。干ししいたけは水で戻して2〜3等分に切る。切り昆布は洗って水気をきり、食べやすい長さに切る。

❸ ❶にAを混ぜ、❷をのせて、あれば炊き込みご飯モード、なければ普通モードで炊く。炊き上がったらさっくりと混ぜる。

チキンライス

チーズのせ
ケチャップミートドリア

シーフードトマトリゾット

チキンライス

みんな大好きなケチャップライス。卵で巻いてオムライスにしても。

材料 4人分

米	2合
鶏もも肉	1/2枚
ベーコン	2枚
たまねぎ	1/4個
ピーマン	1個
塩、こしょう	各適量

A
┌ トマトケチャップ	50ml
│ ウスターソース、酒、オリーブ油 各大さじ1	
│ コンソメの素（固形・刻む）	1個
└ こしょう	少々

〈オムライス用〉

B
┌ 卵	6個
│ 牛乳	大さじ2
└ 塩、こしょう	各少々
オリーブ油	適量

作り方

❶ 米はといで内鍋に入れ、普通に水加減する。30分以上吸水させたら水を大さじ5捨てる。

❷ 鶏もも肉は皮を除いて2cm角に切り、塩、こしょうを強めにふる。ベーコンは2cm幅に切る。たまねぎは粗みじん切りにし、ピーマンは1cm四方に切る。

❸ ❶にAを混ぜ、上に❷をのせて、あれば炊き込みご飯モード、なければ普通モードで炊く。炊き上がったらさっくりと混ぜる。

memo

Bをボウルに混ぜて、オリーブ油を熱したフライパンで1/4量ずつ薄焼き卵を作り、オムライスにしてトマトケチャップをかけてもOK。

主食

68

チーズのせケチャップミートドリア

ご飯の上に濃厚なケチャップ味のひき肉とチーズをたっぷり。

材料 4人分

米	2合	コンソメの素（固形・刻む）	1個
合いびき肉	200g	B バター（有塩）	10g
たまねぎ	1/4個	白ワイン（または酒）	大さじ1
ベーコン（またはハム）	2枚	塩	小さじ1/4
A トマトケチャップ	50ml	ホワイトソース（そのままかけられるタイプの小分けパック）	70g
中濃ソース	大さじ1	ピザ用チーズ	100g
こしょう（あればオールスパイス） 少々		パセリ（みじん切り）	適量

作り方

❶ 米はといで内鍋に入れ、普通に水加減する。30分以上吸水させたら水を100ml捨てる。

❷ たまねぎは薄切り、ベーコンは4cm長さに切る。合いびき肉とAを混ぜ合わせる。

❸ ❶にBを混ぜる。上に米と混じらないよう気を付けながらたまねぎを敷き詰める。その上にベーコンを敷き詰めて、上にそっとひき肉をソースごとのせる。普通モードで炊く。炊き上がったらホワイトソース、ピザ用チーズをのせてそのまま保温モードで5分おき、チーズが溶けたらパセリをちらす。

シーフードトマトリゾット

シーフードミックスとトマト缶を使って、手軽でコクのある仕上がりに。

材料 4人分

米	1・1/2合	トマト水煮缶（カット） 1/2缶（200g）	粉チーズ 大さじ2
シーフードミックス	150g	白ワイン 50ml	ブラックペッパー 適量
ベーコン	2枚	A コンソメの素（固形） 1個	
にんにく	1片	塩 小さじ1/4	
		水 2・1/2カップ	

> **memo**
> トマト水煮缶を入れずに、代わりに水を3・1/2カップにして作ると白ワインチーズ味に。

作り方

❶ 米はといで内鍋に入れる。ベーコンは2cm幅に切り、にんにくはみじん切りにする。シーフードミックスは凍ったままさっと洗って水気をふく。

❷ ❶の内鍋にAを加えて軽く混ぜ、上ににんにく、ベーコン、シーフードミックスをのせる。

❸ 早炊きモードで炊き、25分たったらスイッチを切る。粉チーズを混ぜ、ブラックペッパーをふる。

牛薄切り肉のステーキ風
ガーリックバターライス

ミートソーススパゲティ

牛薄切り肉のステーキ風ガーリックバターライス

柔らかな牛肉とぴったりの洋風ご飯が一気に完成。

材料 4人分

米	2合
牛薄切り肉	250g
にんじん	小1本
にんにく	2片
A ┌ しょう油	大さじ2
┗ 酒	大さじ1
バター（有塩）	10g
しょう油（仕上げ用）	大さじ1/2
ブラックペッパー、パセリ（みじん切り）	
	各適量

作り方

❶ 米はといで内鍋に入れ、普通に水加減する。30分以上吸水させたら水を50ml捨てる。

❷ 牛薄切り肉にAをもみ込む。にんじんは4〜5cm長さのシャトー切り（p.70の写真参照）、にんにくは薄切りにする。

❸ ❶に牛肉のつけ汁を混ぜ、にんにく、にんじん、牛肉をのせて普通モードで炊く。炊き上がったら牛肉とにんじんを一度取り出し、ご飯にバターとしょう油を加え、軽く混ぜる。器にご飯を盛り、にんじん、牛肉をのせ、ブラックペッパー、パセリをふる。

主食

炊飯器におまかせで
主菜と主食が同時に出来上がり

ミートソーススパゲティ

定番のパスタ料理も炊飯器におまかせ。

材料 2人分

スパゲティ（ゆで時間9分のパスタ）	
‥‥‥‥‥‥‥‥‥‥‥‥‥‥‥‥ 160g	
合いびき肉 ‥‥‥‥‥‥‥‥‥ 150g	
たまねぎ ‥‥‥‥‥‥‥‥‥‥ 1/2個	

A
- トマト水煮缶（カット）‥‥‥‥ 300g
- オリーブ油 ‥‥‥‥‥‥‥‥ 大さじ2
- にんにく（みじん切り）‥‥‥‥ 1片分
- （またはすりおろし ‥‥‥ 小さじ1）
- コンソメの素（顆粒）‥‥‥‥ 小さじ1
- 塩 ‥‥‥‥‥‥‥‥‥‥‥ 小さじ1/3
- ブラックペッパー ‥‥‥‥‥‥‥ 少々
- 水 ‥‥‥‥‥‥‥‥‥‥‥ 1カップ

粉チーズ、イタリアンパセリ（お好みで）
‥‥‥‥‥‥‥‥‥‥‥‥‥‥‥‥ 各適量

作り方

❶ たまねぎは薄切りにし、合いびき肉、Aと一緒に混ぜてソースを作る。パスタは半分に折る。

❷ 内鍋に、❶のソースとパスタが交互になるように入れていく。最後は具が一番上になるようにする。パスタはできるだけ放射状に入れて重ならないようにする。

❸ 早炊きモードで炊き、<u>20分たったらスイッチを切って手早く混ぜる。</u>硬ければお好みの硬さになるまで保温モードで5〜10分おく。お好みで粉チーズ、イタリアンパセリをのせる。

---

memo

具とパスタを交互に重ねて入れ、一度に作るのは2人分以内（5.5合炊きの場合）にすることで、パスタがくっつかずに仕上がります。

主食

魚介の
スープスパゲティ

ひき肉ときのこの
和風スパゲティ

煮込みうどん

マカロニグラタン

魚介のスープスパゲティ

魚介のうま味がつまったスープを味わえる、満足度の高い一品です。

材料 2人分

スパゲティ（ゆで時間9分のパスタ）
　　　　　　　　　　　　　　　　 160g
シーフードミックス ————————— 100g
ブロッコリー ———————————— 1/3個
たまねぎ —————————————— 1/4個

A {
白ワイン ————————————— 大さじ2
オリーブ油 ———————— 大さじ1・1/2
コンソメの素（固形） ——————— 2個
にんにく（すりおろし）———— 小さじ1
（またはみじん切り ————— 1片分）
ブラックペッパー ————————— 少々
水 ———————————————— 3カップ
}

作り方

❶ ブロッコリーは小房に分ける。たまねぎは薄切りにする。パスタは半分に折る。

❷ 内鍋に、❶のたまねぎ、凍ったままさっと洗って水気をふいたシーフードミックスとパスタが交互になるように入れていく。パスタはできるだけ放射状に入れて重ならないようにする。上にブロッコリーをのせ、混ぜ合わせたAをかける。

❸ 早炊きモードで炊き、20分たったらスイッチを切って混ぜる。硬ければお好みの硬さになるまで保温モードで5〜10分おく。

ひき肉ときのこの和風スパゲティ

盛りだくさんのきのことひき肉にしょう油の香ばしさがきいています。

材料 2人分

スパゲティ（ゆで時間9分のパスタ）
　　　　　　　　　　　　　　　　 160g
鶏ひき肉（または豚ひき肉）———— 150g
しめじ ————————— 1パック（100g）
まいたけ ———————— 1/2パック（50g）
しいたけ —————————————— 2枚
たまねぎ —————————————— 1/4個
しょう油（仕上げ用）———— 大さじ1/2

A {
酒 ————————————————— 大さじ2
オリーブ油 ———————— 大さじ1・1/2
しょう油 ———————— 大さじ1・1/2
コンソメの素（顆粒）————— 小さじ1
にんにく（すりおろし）———— 小さじ1
鷹の爪（輪切り・お好みで）
　　　　　　　　　　　　　　 ひとつまみ
水 ——————————— 2・1/2カップ
}

作り方

❶ しめじ、まいたけは石づきを除いてほぐす。しいたけは石づきを除いて薄切りにする。たまねぎは薄切りにする。パスタは半分に折る。

❷ 内鍋に、❶のきのこ類、たまねぎ、鶏ひき肉とパスタが交互になるように入れていく。最後は具が一番上になるようにする。パスタはできるだけ放射状に入れて重ならないようにする。混ぜ合わせたAをかける。

❸ 早炊きモードで炊き、20分たったらスイッチを切り、しょう油を加えて混ぜる。硬ければお好みの硬さになるまで保温モードで5〜10分おく。

煮込みうどん

野菜がたくさん食べられる煮込みうどんは、炊飯器の得意分野です。

材料 2人分

冷凍うどん	2玉		
白菜(またはキャベツ)	1枚		
長ねぎ	1/3本		
にんじん	1/3本		
豚こま切れ肉	100g		
味噌	大さじ2弱		
小ねぎ(小口切り)	適量		

A
- 和風顆粒だし ………… 小さじ2
- しょう油、みりん ……… 各大さじ1
- しょうが(すりおろし) …… 小さじ1/2
- 水 ………………………… 3カップ
  (またはだし汁 その場合は和風顆粒だしはなしに)

作り方

❶ 白菜はざく切り、長ねぎは小口切り、にんじんはいちょう切りにする。豚こま切れ肉は大きければ一口大に切る。

❷ 内鍋に❶、Aを混ぜ、冷凍うどんを凍ったまま入れる。

❸ 早炊きモードで炊き、20分たったらスイッチを切って味噌を溶き混ぜる。器に盛り、小ねぎをちらす。

memo
◎お好みで七味唐辛子などをかけてもOK。
◎具はお好みで、きのこ、油揚げなどでも。

マカロニグラタン

食卓でメインになるグラタンも炊飯器でらくらく。

材料 2〜3人分

マカロニ(ゆで時間8〜9分のタイプ) …………………………… 100g
むきえび …………………… 120g
たまねぎ …………………… 1/2個
マッシュルーム …………… 3個

A
- ホワイトソース ………… 1缶(約290g)
- 塩 ………………………… 小さじ1/4
- 水 ………………………… 1カップ

牛乳 ………………………… 50ml
ピザ用チーズ ……………… 100g

作り方

❶ たまねぎは薄切り、マッシュルームは石づきを除いて汚れをふき、薄切りにする。むきえびは背ワタを除いて塩(分量外)でもんで水で洗って水気をふく。

❷ 内鍋に、❶、A、マカロニを入れて混ぜる。早炊きモードで炊き、20分たったらスイッチを切る。

❸ ❷に牛乳を混ぜ、耐熱皿にのせて、上にピザ用チーズをのせてトースターで焦げめがつくまで焼く。

memo
トースターで焼かずに、牛乳を混ぜた後そのままピザ用チーズをのせ、蓋をして保温モードで10分おいてチーズを溶かしてもOK。

主食

汁物

素材の栄養素が丸ごととれるスープ。材料を内鍋に入れるだけですぐに美味しくいただけます。

ポトフ

ミネストローネ

コーンポタージュ

クラムチャウダー

ポトフ

豚かたまり肉が柔らかく煮込まれた、野菜たくさんのやさしいスープ。

材料 4人分

キャベツ	1/4個	白ワイン	50ml
にんじん	1本	コンソメの素（固形）	1個
たまねぎ	1/2個	ローリエ（あれば）	2枚
セロリ	1/2本	ブラックペッパー（粒・あれば）	
豚ヒレ肉	300g		小さじ1
塩	少々	水	3・1/2カップ
		粒マスタード（お好みで）	適量

A: 白ワイン、コンソメの素（固形）、ローリエ（あれば）、ブラックペッパー（粒・あれば）、水

作り方

❶ キャベツは4等分のくし形切りにし、にんじんは長さを半分にして縦長に4等分に切り、たまねぎはくし形切りにしてばらばらにほぐす。セロリは筋を取り6cm長さに切る。豚ヒレ肉は塩をまぶす。

❷ ❶、Aを内鍋に入れて普通モードで炊く。炊き上がったら豚肉を取り出して切り分け、器に盛る。お好みで粒マスタードを添える。

ミネストローネ

具だくさんのトマトスープも炊飯器におまかせ。

材料 4人分

にんじん	1/2本	トマト水煮缶（カット）	300g
たまねぎ	1/4個	コンソメの素（固形）	1個
じゃがいも	小1個	オリーブオイル	大さじ1
キャベツ	1/8個	ドライハーブ	小さじ1/2
セロリ	1/3本	塩	少々
ウインナーソーセージ	3本	水	2・1/2カップ
		パセリ（みじん切り）、粉チーズ	各適量

A: トマト水煮缶（カット）、コンソメの素（固形）、オリーブオイル、ドライハーブ、塩、水

作り方

❶ にんじん、たまねぎは1cm角に切る。じゃがいもは2cm角に切る。キャベツは3cm四方に切る。セロリは粗みじん切りにする。ウインナーソーセージは8mm幅に切る。

❷ 内鍋に❶、Aを入れ、早炊きモードで炊く。器に盛り、パセリ、粉チーズをちらす。

汁物

コーンポタージュ

パンと一緒に朝食にもいただきたい、手軽なレシピ。

材料 4人分

コーンクリーム缶
　　………………… 1缶（400g・または小2缶）
たまねぎ …………………………… 1/3個
A ┌ バター（有塩）………………… 20g
　├ コンソメの素（固形）………… 1個
　└ 水 ……………………………… 1カップ

B ┌ 牛乳 ……………… 1〜1・1/4カップ
　└ 塩 ……………………………… 少々
クルトン（お好みで）……………… 適量

作り方

❶ たまねぎはみじん切りにする。
❷ ❶、A、コーンクリーム缶を内鍋に入れる。早炊きモードで炊き、25分たったらスイッチを切る。
❸ ❷にBを加えて混ぜる。お好みでクルトンをちらす。

memo
粒コーンを加えても美味しい。

クラムチャウダー

あさりの缶詰を活用します。クリーミーで食べ応えもばっちり。

材料 4人分

あさり水煮缶（汁ごと使う）
　　…………………………… 1/2缶（100g）
じゃがいも ………………………… 1個
にんじん …………………………… 1/2本
たまねぎ …………………………… 1/3個
マッシュルーム ………………… 1パック
ベーコン …………………………… 2枚
薄力粉 …………………………… 大さじ2

A ┌ 白ワイン ………………………… 50ml
　├ バター（有塩）………………… 20g
　├ コンソメの素（固形）………… 1個
　└ 水 ……………………………… 150ml
B ┌ 牛乳 ……………………………… 150ml
　└ 塩、こしょう ………………… 各少々
パセリ（みじん切り・お好みで）… 適量

作り方

❶ じゃがいも、にんじん、たまねぎは1cm角に切る。マッシュルームは石づきを除いて汚れをふき、薄切りにする。ベーコンは1cm幅に切る。
❷ ❶の野菜と薄力粉をビニール袋に入れて、ふってまぶす。
❸ 内鍋にA、ベーコン、❷、あさり水煮缶（汁ごと）を入れ、早炊きモードで炊き、20分たったらスイッチを切る。Bを加えてそのまま保温モードで5分おく。お好みでパセリをちらす。

memo
◎牛乳の一部を生クリームに変えると、よりコクが出ます。
◎あさりは殻付き200gでもOK。

汁物

もやしと豚薄切り肉の
和風スープ

スンドゥブチゲ鍋風
スープ

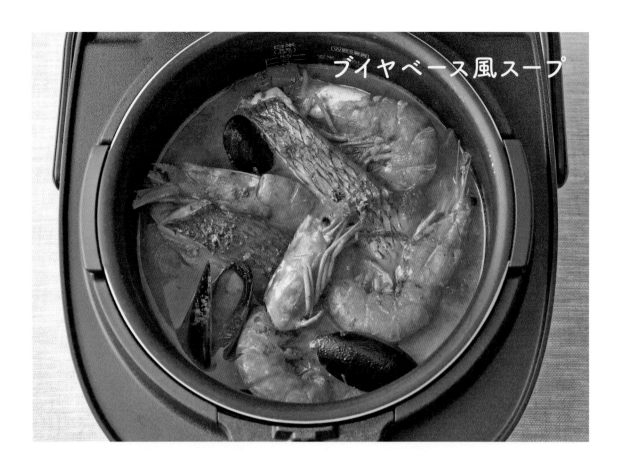

ブイヤベース風スープ

サムゲタン風スープ

もやしと豚薄切り肉の和風スープ

シンプルな食材でもしっかりうま味が味わえます。

材料 4人分

豚薄切り肉（しゃぶしゃぶ用）	100g
長ねぎ	1/3本
もやし	1/2パック

A
だし汁	3カップ
酒	大さじ1
しょう油	大さじ1/2
白すりごま	小さじ1
しょうが（すりおろし）	小さじ1/2

作り方

❶ 豚薄切り肉は4cm長さに切る。長ねぎは小口切りにする。

❷ 内鍋に❶、A、もやしを入れて軽く混ぜ、早炊きモードで炊き、<u>20分たったらスイッチを切る。</u>

memo
お好みで柚子こしょうを添えても美味しい。

スンドゥブチゲ鍋風スープ

人気の韓国風スープは、あさりを加えれば家庭でもコクのある仕上がりに。

材料 4人分

長ねぎ	1本
にら	1/2束
木綿豆腐	1丁（300g）
豚薄切り肉	150g
あさり	150g（砂抜き済）

A
キムチ	80g
酒	大さじ2
コチュジャン	大さじ1
鶏がらスープの素	大さじ1
しょう油	小さじ1
水	4カップ

卵黄（お好みで）	2～4個

作り方

❶ 長ねぎは斜め切りにして、にらは4cm長さに切る。木綿豆腐は8等分に切る。豚薄切り肉は5cm幅に切る。あさりはこすり合わせてよく洗う。

❷ 内鍋にA、にら以外の❶を入れて早炊きモードで炊く。炊き上がったらにらを加えて混ぜる。器に盛った後、お好みで卵黄を加えても美味しい。

汁物

ブイヤベース風スープ

おもてなし料理にもぴったりな、地中海風のトマトベースの魚介スープ。

材料 4人分

タイ	4切れ
冷凍ムール貝	8粒
えび（殻付き）	8尾
たまねぎ	1/2個
セロリ	1/3本
塩、こしょう	各少々（下味用）

A
トマト水煮缶（カット）	150g
酒（または白ワイン）	50ml
バター（有塩）	10g
塩	小さじ1/2
サフラン（あれば）	一つまみ
にんにく（みじん切り）	1片分
（またはすりおろし	小さじ1）
水	2・1/2カップ

作り方

❶ タイはキッチンペーパーで水気をふいて2等分に切り、塩、こしょうをふる。えびは背ワタと剣先を除く。たまねぎ、セロリは薄切りにする。

❷ 内鍋に❶、冷凍ムール貝、Aを入れて、普通モードで炊く。

memo
◎お好みで、にんにく（すりおろし）を混ぜたマヨネーズを添えても。
◎具材はあさり、イカなどでもOK。

サムゲタン風スープ

にんにくとしょうがが効いた韓国料理は、体が芯から温まります。

材料 4人分

鶏手羽元	8本
長ねぎ	1本
ごぼう	1/5本(30g)
にんにく	2片
しょうが	1/2片
もち麦（またはもち米や米）	30g

塩	小さじ1/2
こしょう	少々
A 酒	50ml
水	3・1/2カップ
クコの実（あれば）	適量

作り方

❶ 鶏手羽元に塩、こしょうをふる。長ねぎは斜め切りにする。ごぼうは皮をこそげて斜め薄切りにする。にんにくは芯を除いてつぶす。しょうがは千切りにする。

❷ 炊飯器の内鍋に、❶、A、もち麦を入れて普通モードで炊く。あればクコの実をちらす。

memo
◎お好みでねぎ、三つ葉、せりなどをのせても。
◎あればナツメなどを一緒に煮込んでもOK。

汁物

おやつ

出来上がりに感動！　ケーキからおやきまで、子どもも大人も嬉しいおやつ。

バナナとクルミのケーキ

抹茶とあんこの
どら焼き風ケーキ

バナナとクルミのケーキ

ホットケーキミックスを使って、手軽ながら本格的な仕上がりに。

材料 作りやすい分量

バナナ ……………………………… 小2本
レモン汁 …………………………… 小さじ1
クルミ ……………………………… 50g
バター（有塩） ………… 90g（室温に戻す）
砂糖 ………………………………… 大さじ4
卵 …………………………………… 2個
ホットケーキミックス ……………… 150g

〈準備〉
＊内鍋にバター（分量外）を厚めに塗る。

作り方

❶ 皮をむいたバナナを5mm幅に切り、レモン汁をまぶす。クルミは粗く刻む。

❷ ボウルにバターを入れて泡立て器で混ぜ、砂糖を加えてよく混ぜる。卵を1個ずつ加えて混ぜる。❶を加えて混ぜる。

❸ ❷にホットケーキミックスを加えてゴムベラでさっくりと混ぜる。準備した内鍋に入れて、ケーキモードもしくは調理モードで50分加熱する。竹串を刺してみて、生っぽい生地がついてこなければOK。足りないときは10分延長して様子を見る。

memo

◎ホットケーキミックスを入れたら、混ぜすぎないようさっくりと、粉が消えるまで混ぜてください。

◎よりふっくら作りたいときは、ホットケーキミックスをふるいで一度ふるってください。

おやつ

≫ ケーキ類を作るときの注意

あればケーキモード、ない場合は調理モードや煮込みモードなどを使ってください。普通モードの場合は、機種によってはなかなか火が通らないものもあるので、加熱して竹串を刺し、生っぽいときはもう一度加熱するなどして調節してください。

抹茶とあんこのどら焼き風ケーキ

切り口が可愛らしい、ほっとする甘さの和風ケーキ。

材料 作りやすい分量

バター（有塩）	60g（室温に戻す）
砂糖	大さじ4
はちみつ	大さじ2
みりん	大さじ2
卵	2個
ホットケーキミックス	150g
抹茶	小さじ2
あんこ	150g

〈準備〉
内鍋にバター（分量外）を厚めに塗る。

作り方

❶ ボウルにバターを入れて泡立て器で混ぜ、砂糖、はちみつ、みりんの順に混ぜる。卵を1個ずつ加えて混ぜる。ホットケーキミックス、抹茶を入れてゴムベラでさっくりと混ぜる。

❷ 準備した内鍋に❶を半量入れる。その上にあんこをのせてから、残りの生地を流し込む。

❸ ケーキモードもしくは調理モードで50分加熱する。竹串を刺してみて、生っぽい生地がついてこなければOK。足りないときは10分延長して様子を見る。

memo
あんこは、ラップに包んで平たい丸の形にあらかじめ整えておくと、のせやすくなります。

おやつ

89

チョコレート蒸しケーキ

チーズケーキ

ほうれん草と
ウインナーのケークサレ

大学いも

チョコレート蒸しケーキ

しっとりとガトーショコラのような濃厚さ。

材料 作りやすい分量

バター（有塩） ………… 90g	ココア（ブラック）
板チョコ …… 2枚（100g）	………… 大さじ2（15g）
卵 …………………… 2個	ホットケーキミックス
砂糖 ………………… 60g	…………………… 150g
	ホイップクリーム
	（お好みで） ……… 適量

〈準備〉
内鍋にバター（分量外）
を厚めに塗る。

作り方

❶ バターは2cm角に切り、板チョコは手で折る。耐熱容器に入れてラップなしで電子レンジ（600W）で60〜90秒加熱して溶かしよく混ぜる。

❷ ボウルに卵を割り入れて泡立て器でよく混ぜ、砂糖、ココアの順に混ぜる。ホットケーキミックスも入れて混ぜ、❶を加えて混ぜる。

❸ ❷を準備した内鍋に入れて、ケーキモードもしくは調理モードで50分加熱する。炊飯器から取り出して金網にのせて冷まし、粗熱が取れたら切り分ける。お好みでホイップクリームを絞る。

チーズケーキ

市販のココアクッキーを土台にアレンジ！

材料 作りやすい分量

クリームチーズ	生クリーム ……… 1カップ
…… 300g（室温に戻す）	レモン汁 ……… 大さじ2
砂糖 ………………… 90g	薄力粉 ……………… 35g
卵 …………………… 3個	ココアクッキー ……… 7枚

〈準備〉
内鍋の底にオーブンシートを丸く切って敷く。

作り方

❶ ボウルにクリームチーズを入れてゴムベラで練り、砂糖を加えて泡立て器でよく混ぜる。卵を1個ずつ加えて混ぜ、生クリーム、レモン汁、薄力粉の順に混ぜる。

❷ 準備しておいた内鍋にココアクッキーを並べ、❶を流し込む。

❸ ケーキモードもしくは調理モードで50分加熱し、スイッチが切れたら内鍋の底を冷水にあてて冷やす。粗熱が取れたらオーブンシートごと内鍋から取り出し、冷蔵庫に入れて、3時間以上しっかりと冷やす。

memo

粗熱が取れると少し縮み、型から取り出しやすくなります。内鍋にすっぽり入る平皿の上に、オーブンシートなどをのせてケーキにかぶせ、ギョーザをひっくり返す要領で取り出すと取り出しやすくなります。

おやつ

ほうれん草とウインナーのケークサレ

野菜の彩りがきれいな、ほどよい塩加減のおかずケーキです。

材料 作りやすい分量

薄力粉 ················· 150g
ベーキングパウダー
　·········· 小さじ1・1/2
ほうれん草 ············· 1株
パプリカ(赤) ······· 1/4個
ウインナーソーセージ
　····················· 3本

A ┌ 卵 ················· 2個
　│ 牛乳 ·········· 大さじ3
　│ バター(有塩) ····· 30g
　│ (電子レンジ・
　│ 600Wで約30秒加
　│ 熱して溶かす)
　│ 粉チーズ ······ 大さじ2
　│ 砂糖 ·········· 大さじ1
　└ 塩 ············· 一つまみ

〈準備〉
＊内鍋にバター(分量外)
　を厚めに塗る。
＊薄力粉とベーキングパ
　ウダーは合わせてビ
　ニール袋に入れてふっ
　て混ぜるか、ふるって
　おく。

作り方

❶ ほうれん草は2cm長さに切り、パプリカは細切りに
　して長さを3等分にする。ウインナーソーセージは
　1cm幅に切る。

❷ ボウルにAを入れて混ぜ合わせ、準備した薄力粉と
　ベーキングパウダー、❶の順に加えて混ぜる。

❸ ❷を準備した内鍋に流し込む。ケーキモードもしく
　は調理モードで50分加熱する。

memo
◎生地を半量入れて、ピザ
　用チーズ50gを入れてか
　ら残りの生地を入れ、加
　熱しても。
◎ほうれん草は一度硬めに
　ゆでてから水気を絞って
　加えてもOK。

大学いも

ほっくりしたさつまいもに、ほどよい甘さのたれがしみ込みます。

材料 4人分(作りやすい分量)

さつまいも ······································ 1個
A ┌ 砂糖 ······································ 大さじ3
　│ しょう油、サラダ油 ······ 各大さじ1/2
　└ 水 ·· 100ml
黒ごま ·· 小さじ1

作り方

❶ さつまいもは乱切りにして水にさっとさらして水気をきる。

❷ 内鍋に❶、Aを入れて混ぜ、早炊きモードで炊き、20分たったらスイッチを切る。

❸ 黒ごまを加えて、さつまいもをつぶさないよう軽く混ぜる。

りんごの
コンポート

なすのおやき

りんごのコンポート

じっくり煮詰めてりんごの甘味を引き出します。

材料 作りやすい分量

りんご ……………………………… 2個	水 …………………………… 1カップ
砂糖 ……………………………… 大さじ6	〈飾り用・お好みで〉
白ワイン ………………………… 大さじ1	バニラアイスクリーム、ミント …… 各適量
レモン汁 ………………………… 大さじ1/2	

作り方

❶ りんごは皮をむいて8等分のくし形切りにする。

❷ 内鍋に❶と飾り用以外のすべての材料を入れて、早炊きモードで炊く。

❸ 粗熱が取れたら冷蔵庫で冷やす。お好みでバニラアイスクリーム、ミントなどを添える。

memo
そのままトッピングなしでも美味しくいただけます。

なすのおやき

味噌風味の具材がまんじゅうとよく合う、甘くないおやつ。

材料 4個分

A ┌ 薄力粉 ……………………… 150g	薄力粉 …………………………… 適量
├ 砂糖 ……………………… 大さじ1/2	なす ……………………………… 2本
├ ベーキングパウダー …… 小さじ1・1/2	ごま油 …………………………… 小さじ1
└ 塩 ………………………… 一つまみ	B ┌ 味噌、砂糖 ………………… 各大さじ1
ぬるま湯（30度くらいでOK）…… 1カップ	└ しょう油 …………………… 小さじ1/2

作り方

❶ ボウルにAを入れて混ぜ、ぬるま湯を少しずつ加えてゴムベラで混ぜる。ひとまとまりになってきたら薄力粉を打ち粉にして手に付けて折りたたむように練り合わせ、つやが出てきたらひとまとめにし、そのままボウルにラップをして約15分寝かせる。薄力粉をふった台の上で4等分に切ってそれぞれ丸くまとめる。

❷ なすは縦半分に切ってから8mm厚さに切り、フライパンにごま油を中火で熱して炒める。しんなりしたらBを加えて炒め合わせ、バットに移して冷ます。

❸ ❶を平たくして手の上にのせて、❷を1/4量ずつのせて包む。

❹ 内鍋に水100ml（分量外）を入れて、上にフライパン用ホイル（くっつかないホイル）を敷いて、❸を並べ、早炊きモードで炊き、20分たったらスイッチを切る。

memo
焼き色を付けたい場合は、蒸す前にフライパンに油を引いて軽く焼いてください。

〈著者略歴〉

阪下千恵（さかした・ちえ）

料理研究家・栄養士。大手外食企業、食品宅配会社を経て独立。子育ての経験を活かした、作りやすくて栄養バランスのよい料理が好評を博し、メディア出演をはじめ、書籍、雑誌、企業販促用のレシピ開発、食育関連の講習会講師など幅広く活動中。主な著書に『園児のかわいいおべんとう』（新星出版社）、『毎日のホットクックレシピ』（日東書院本社）など多数。

〈YouTube〉

https://www.youtube.com/channel/UC3U7ukQOVvoBAgVVuGLqAIQ

撮影	武井メグミ
スタイリング	深川あさり
調理アシスタント	宮田澄香、岩間明子
装幀デザイン	村田 隆（bluestone）
組版・本文デザイン	朝日メディアインターナショナル株式会社

おかず・麺・おやつもスイッチ1つ！
超時短「絶品炊飯器レシピ」72

2020年12月1日　第1版第1刷発行
2022年1月20日　第1版第2刷発行

著　者	阪下千恵
発行者	村上雅基
発行所	株式会社PHP研究所

京都本部　〒601-8411　京都市南区西九条北ノ内町11
〔内容のお問い合わせは〕教育出版部 ☎075-681-8732
〔購入のお問い合わせは〕普及グループ ☎075-681-8818

印刷所	図書印刷株式会社